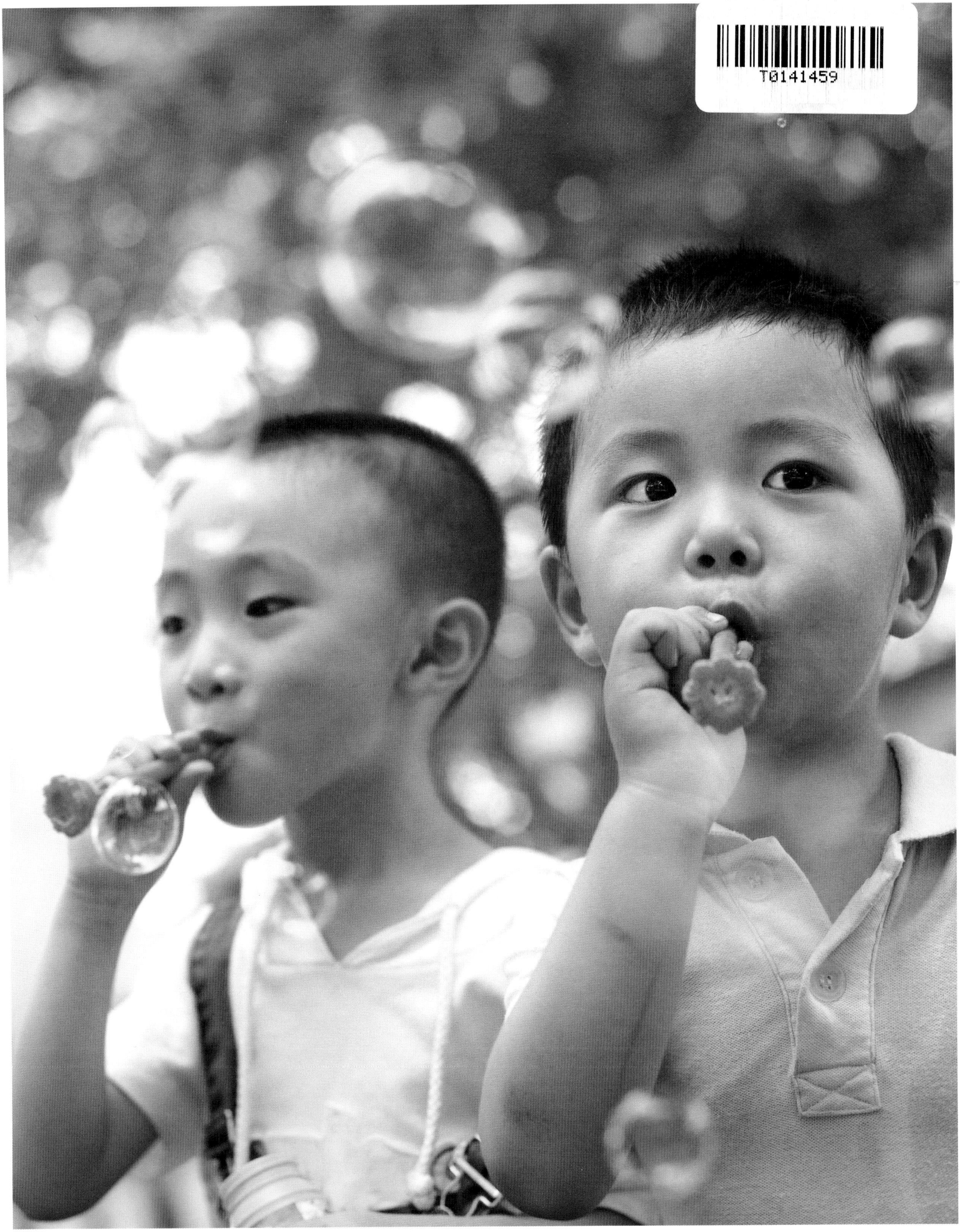

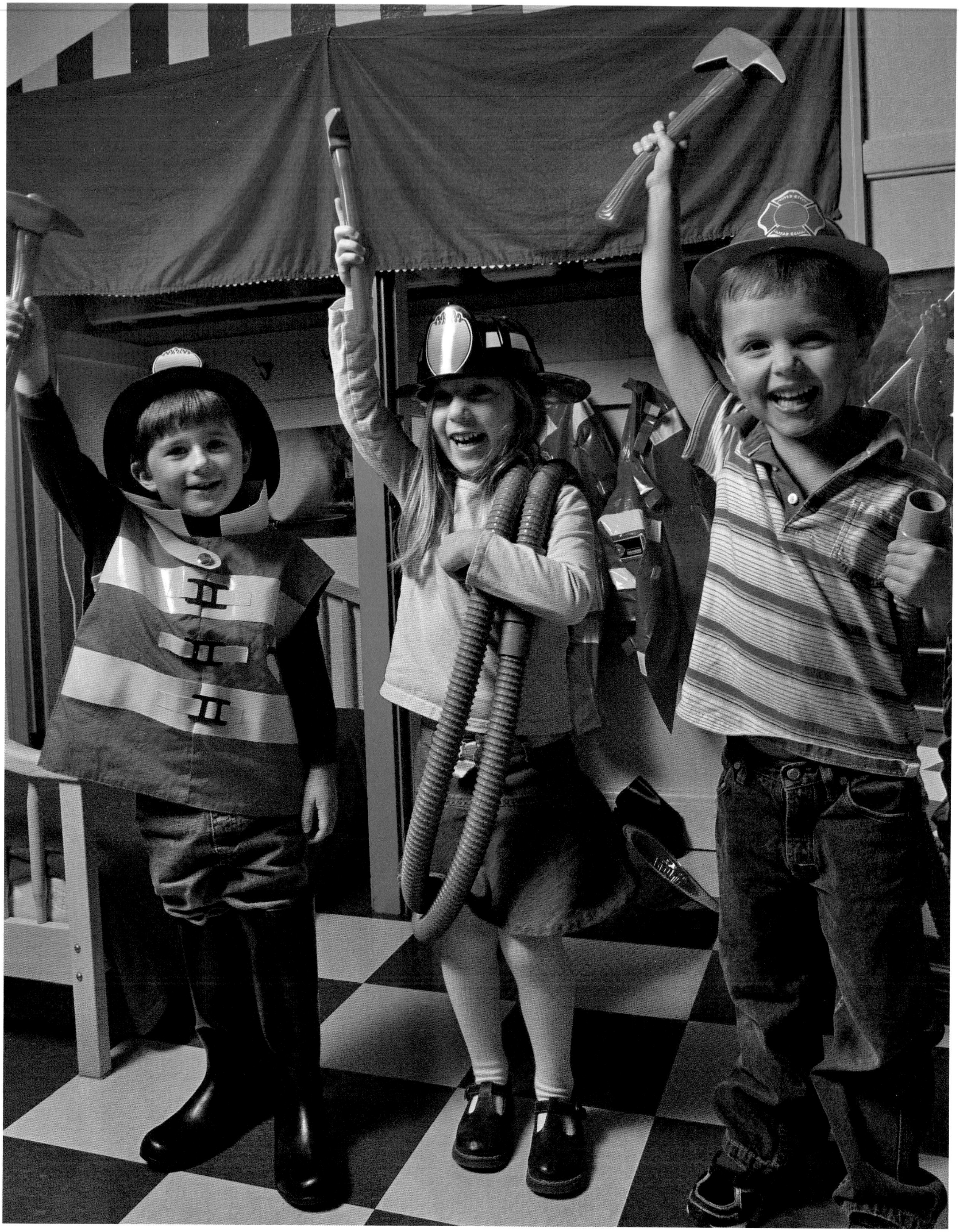

Los números

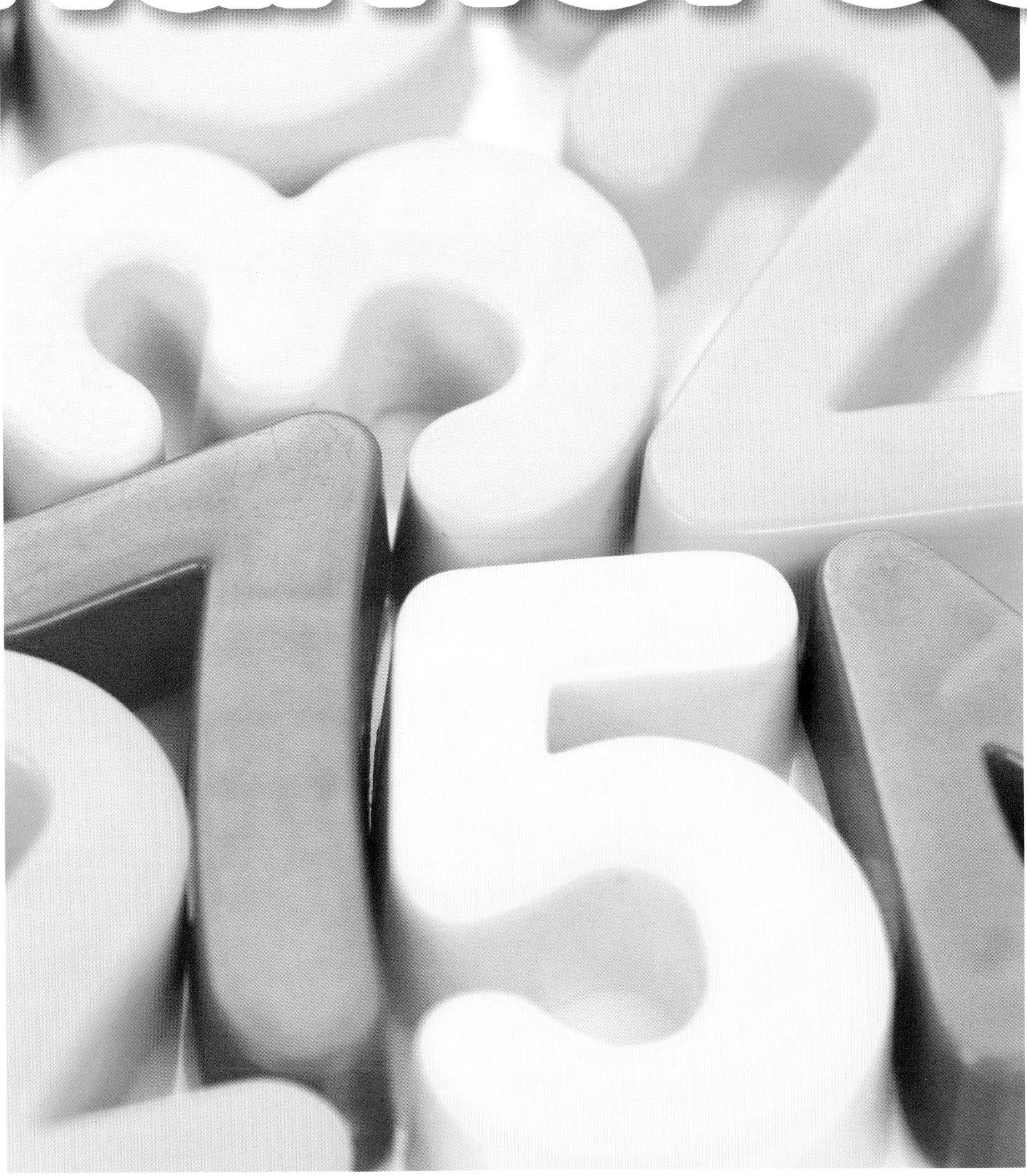

Stephanie Reid

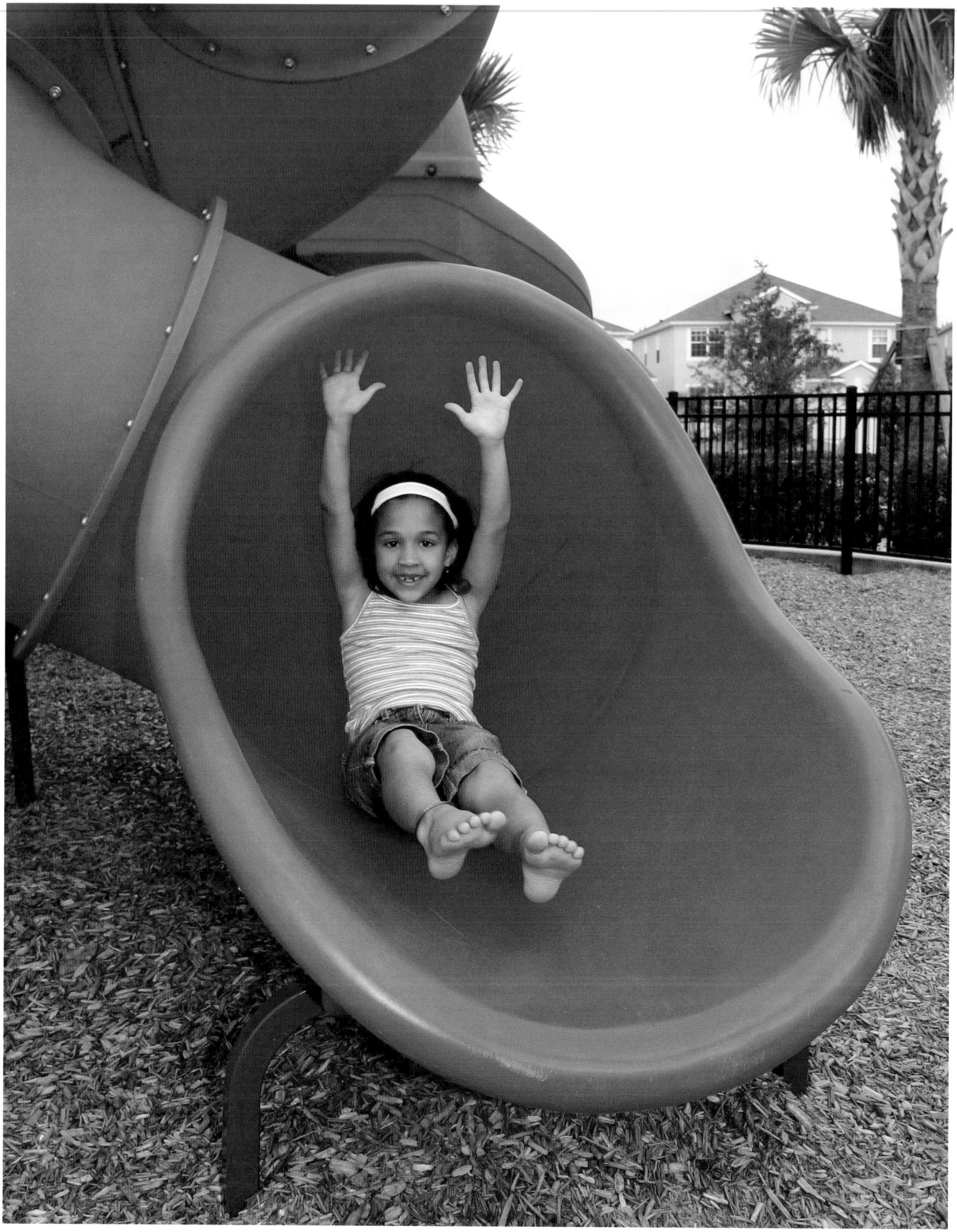

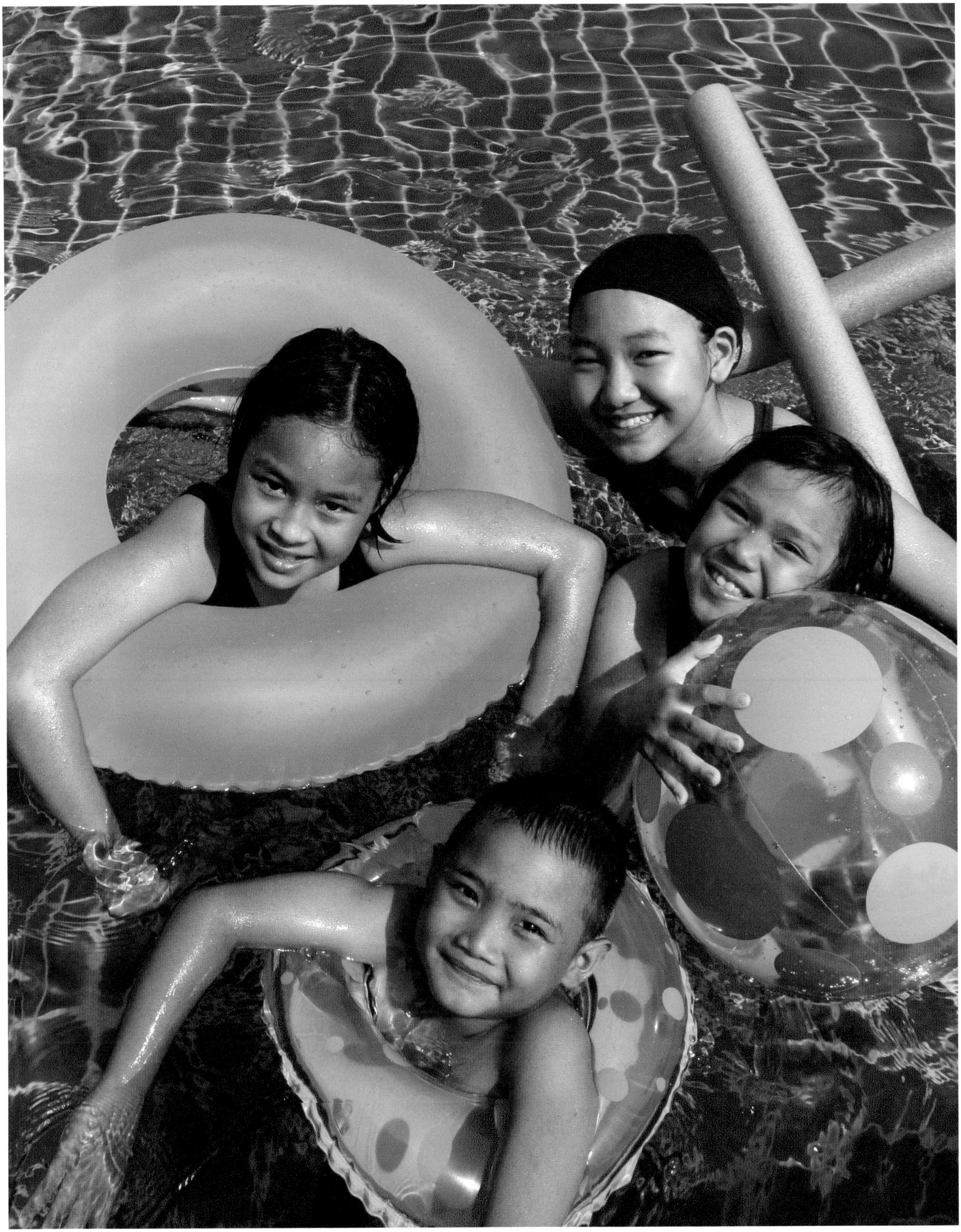

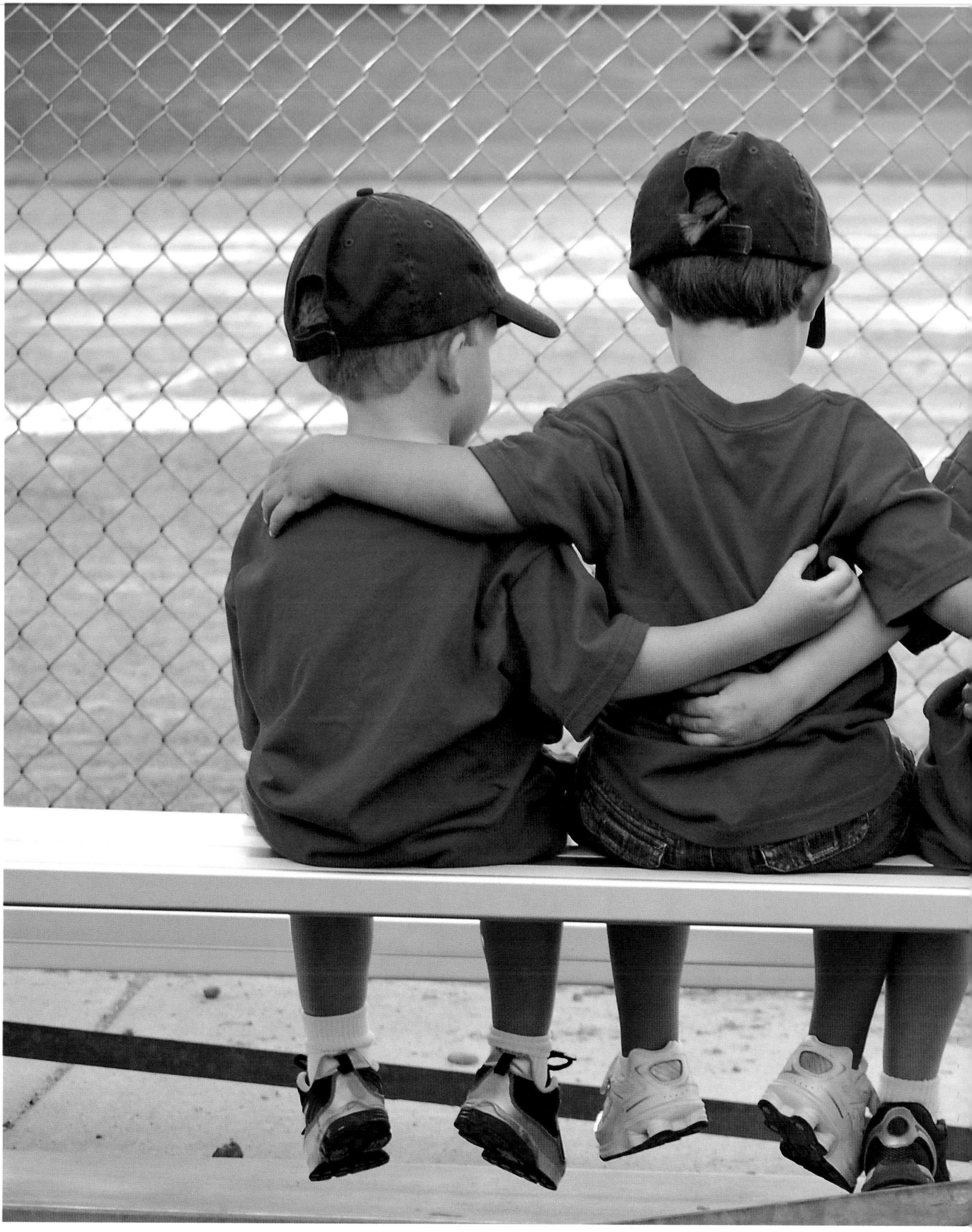

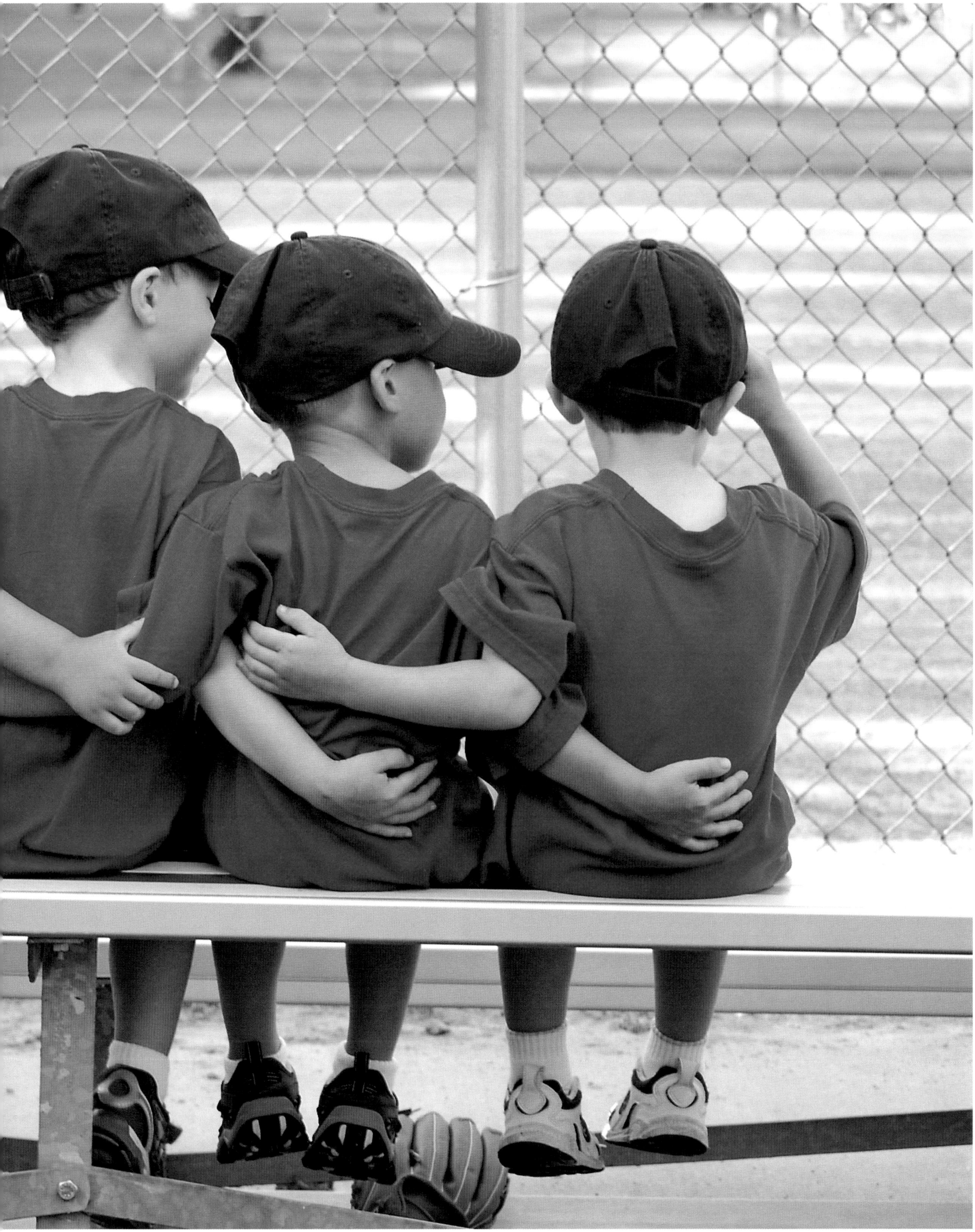

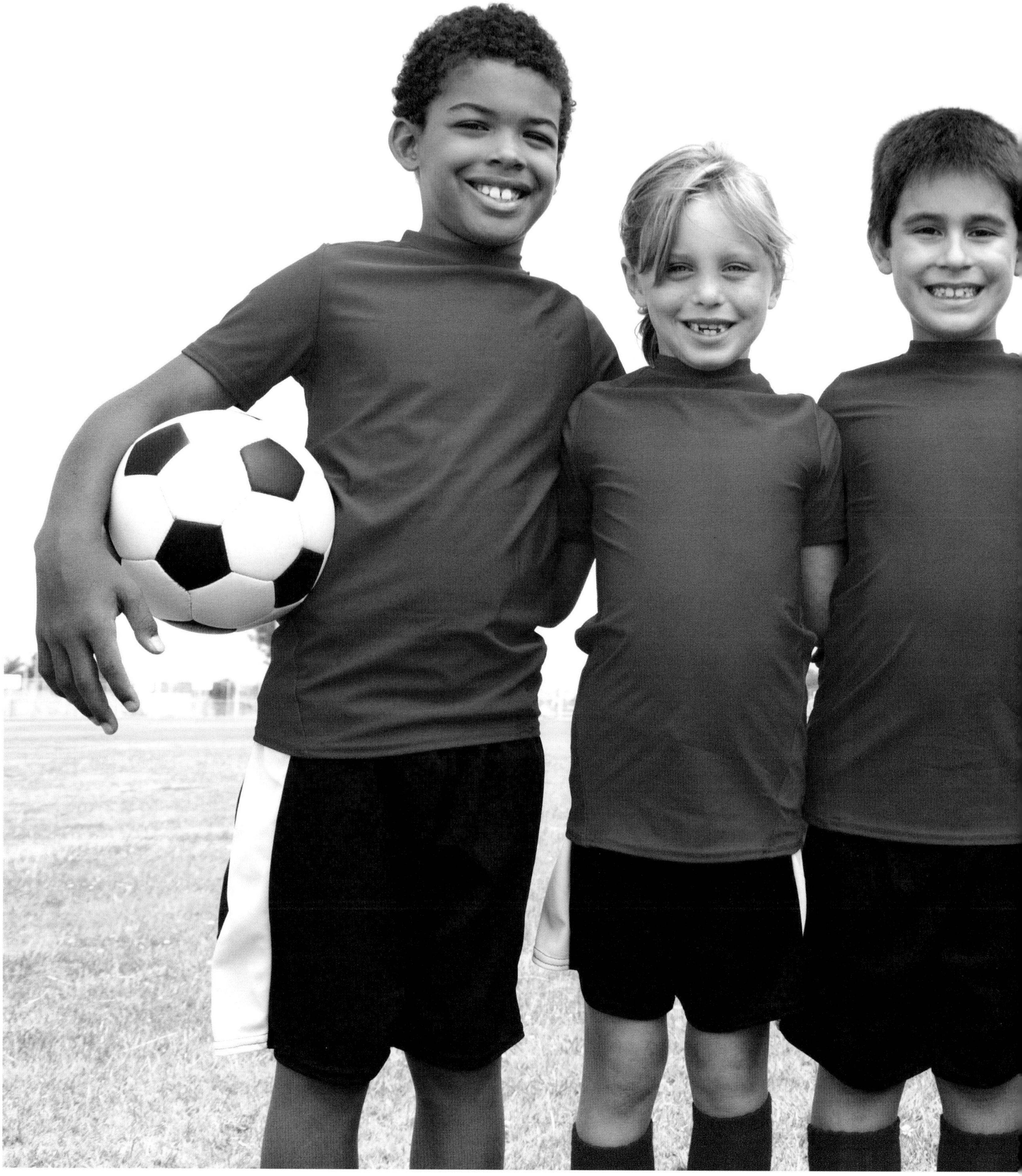

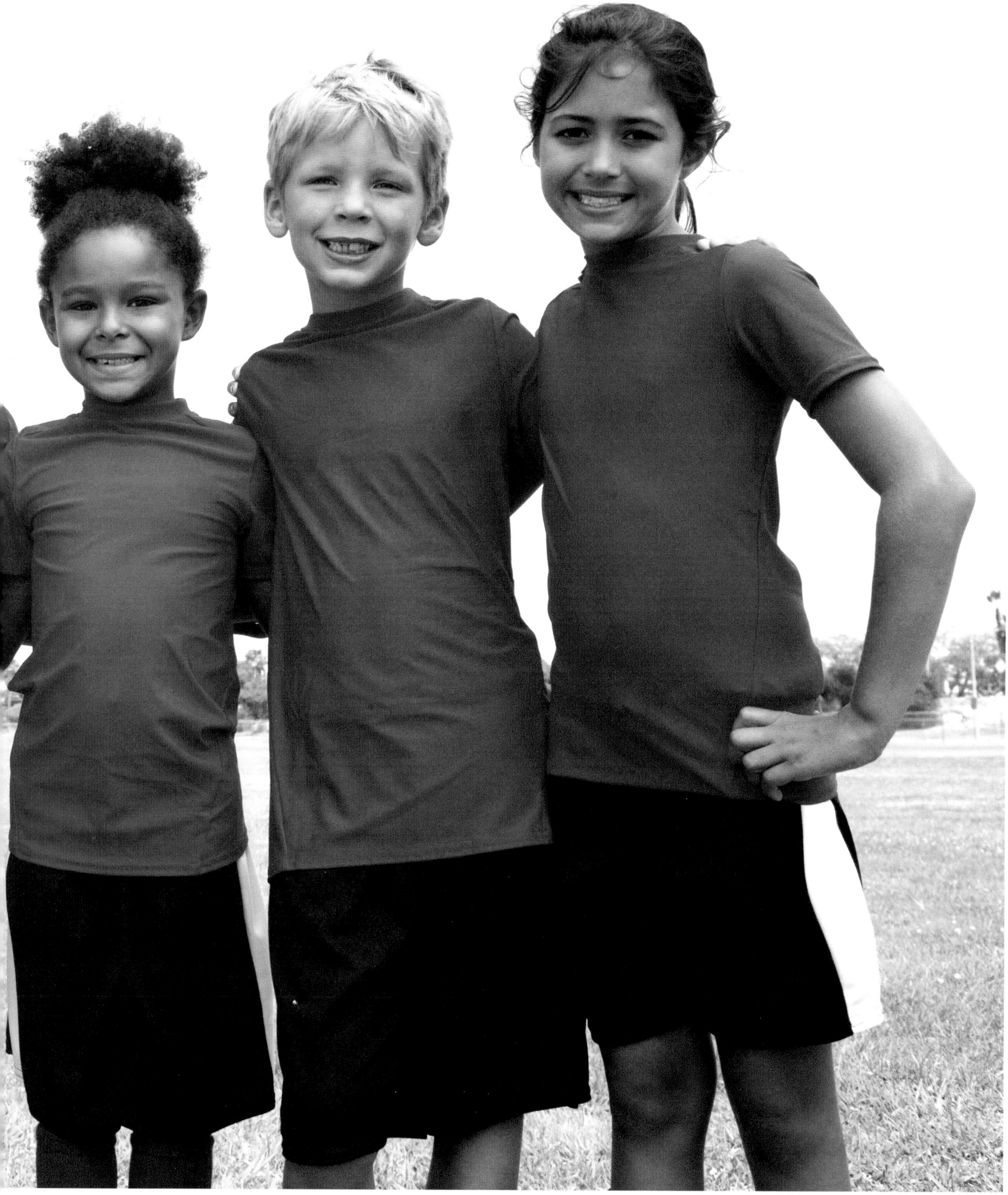

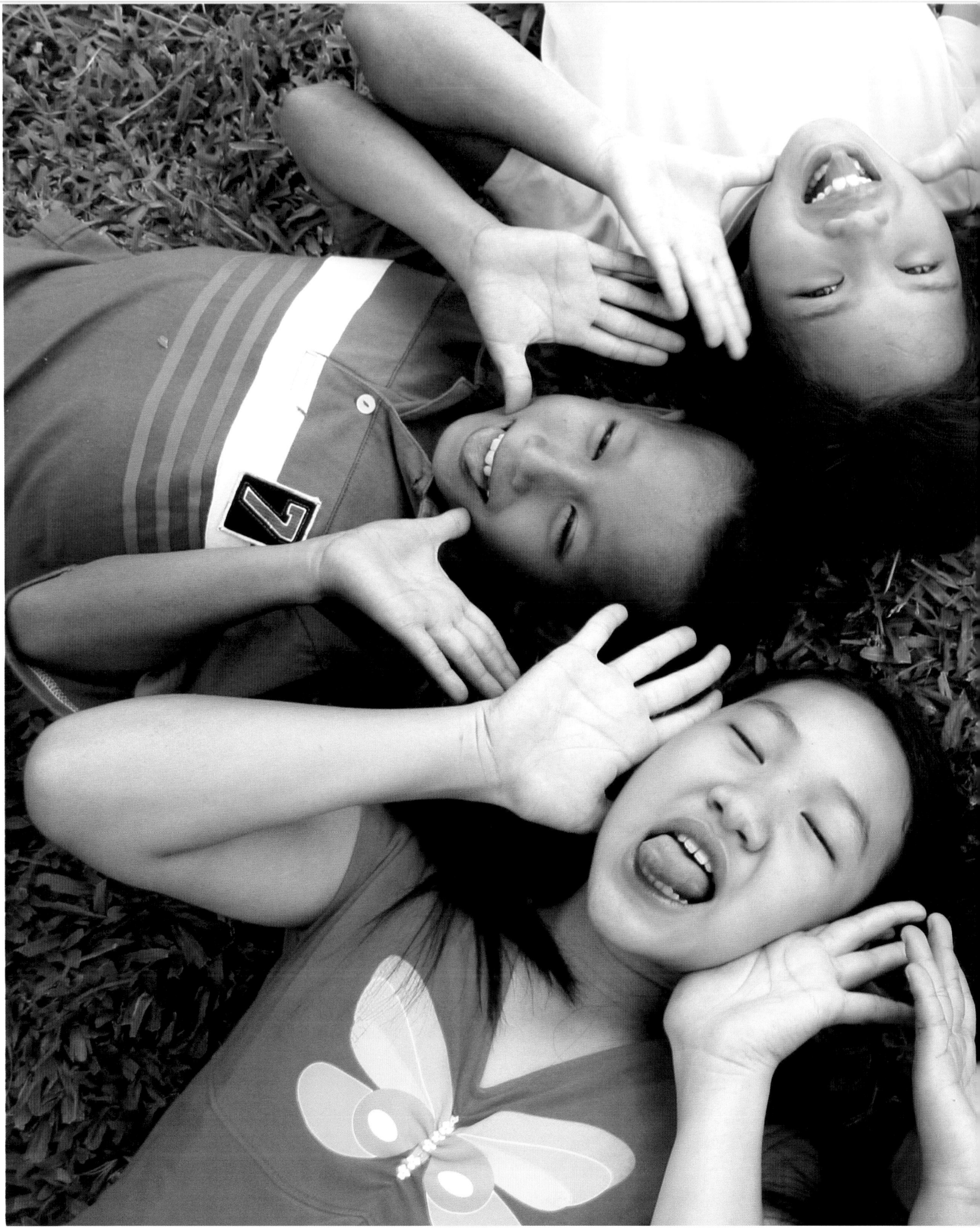

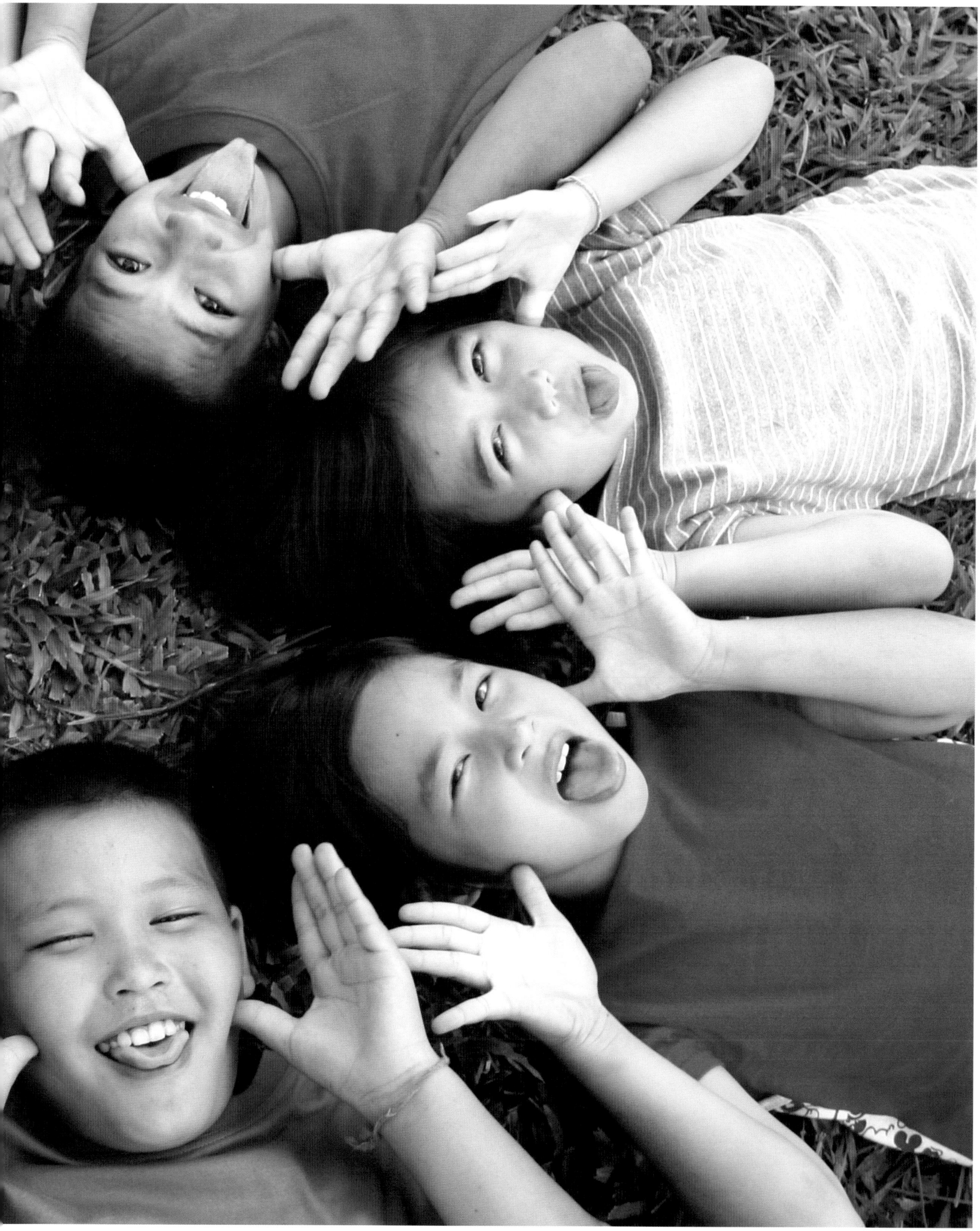

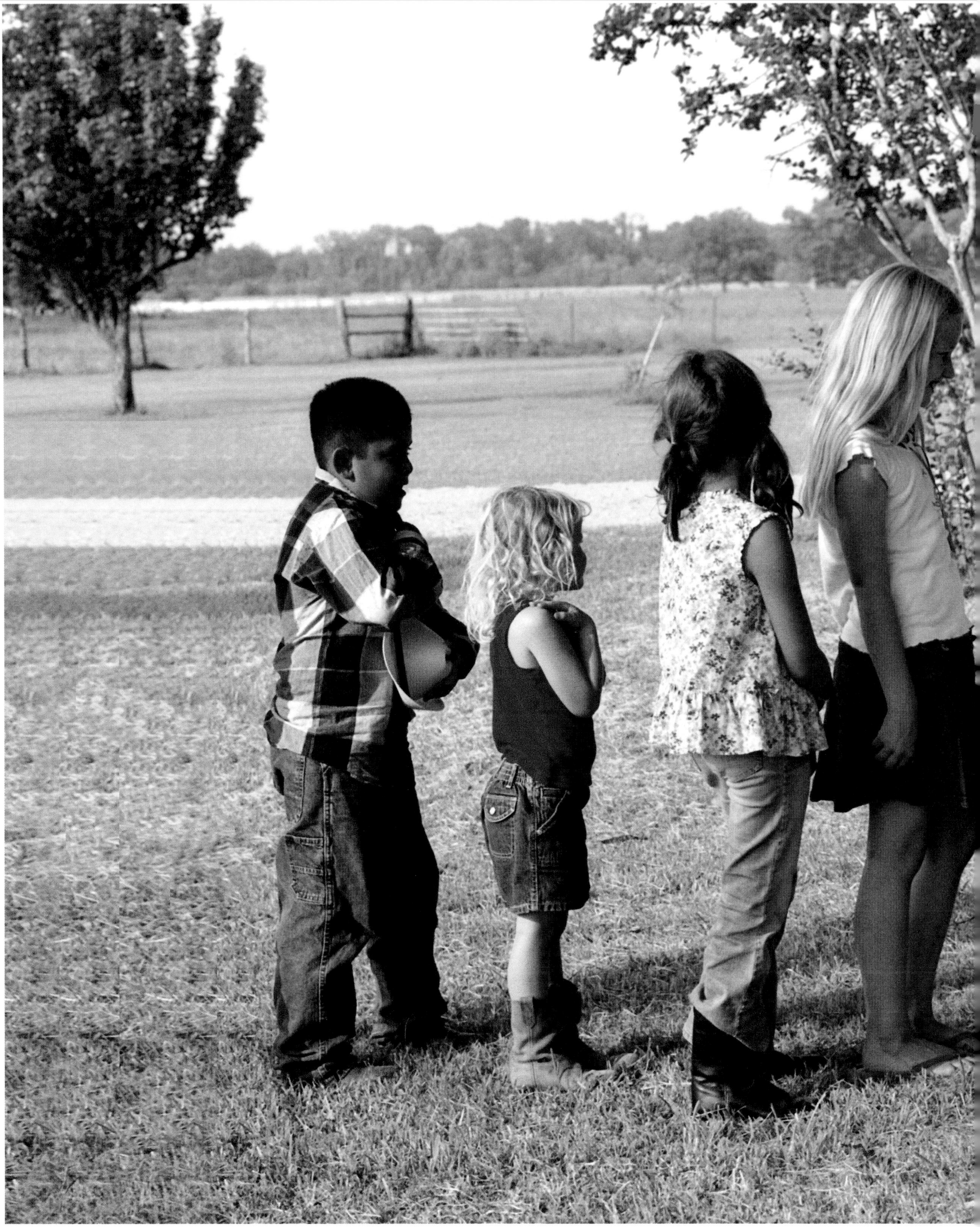

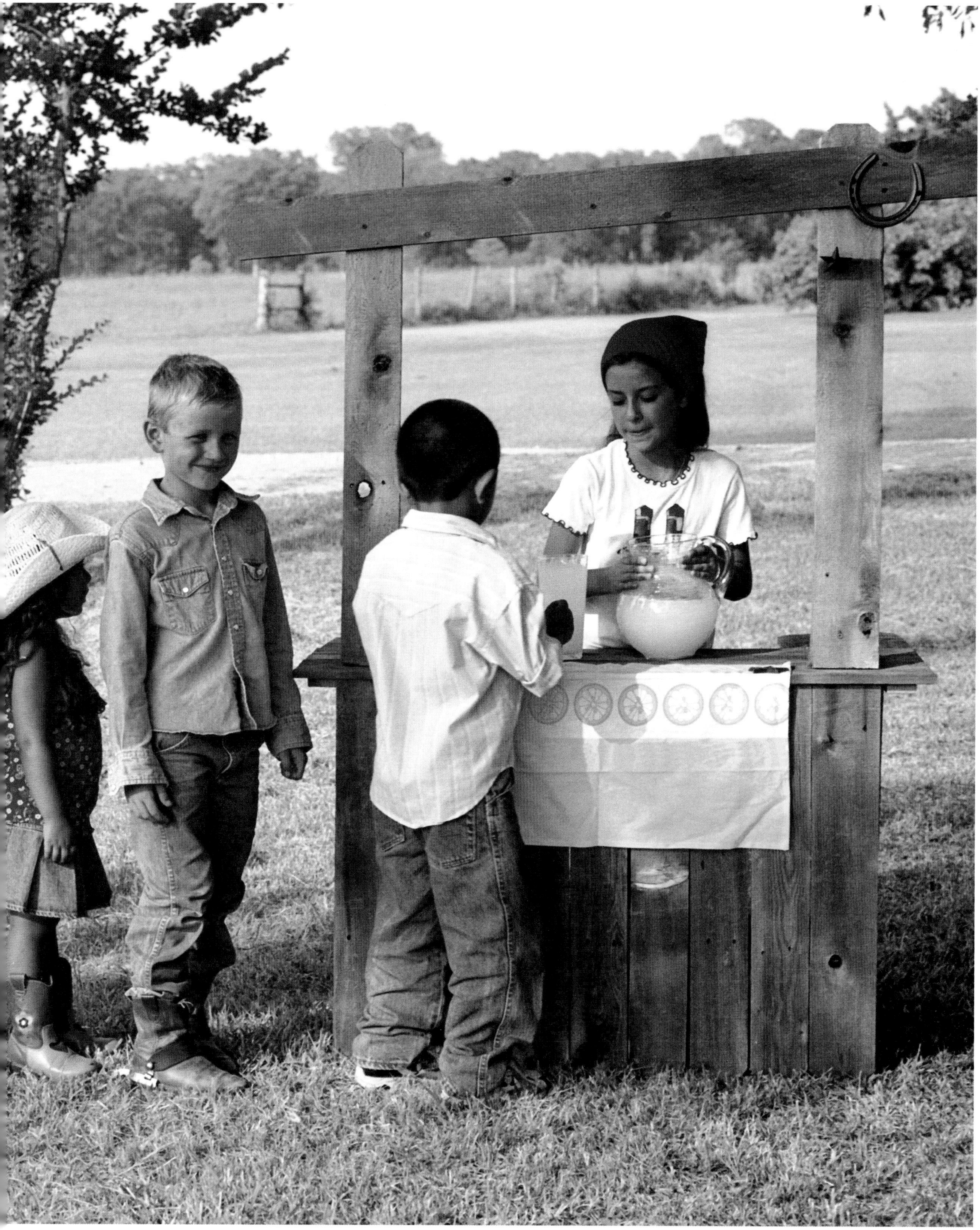

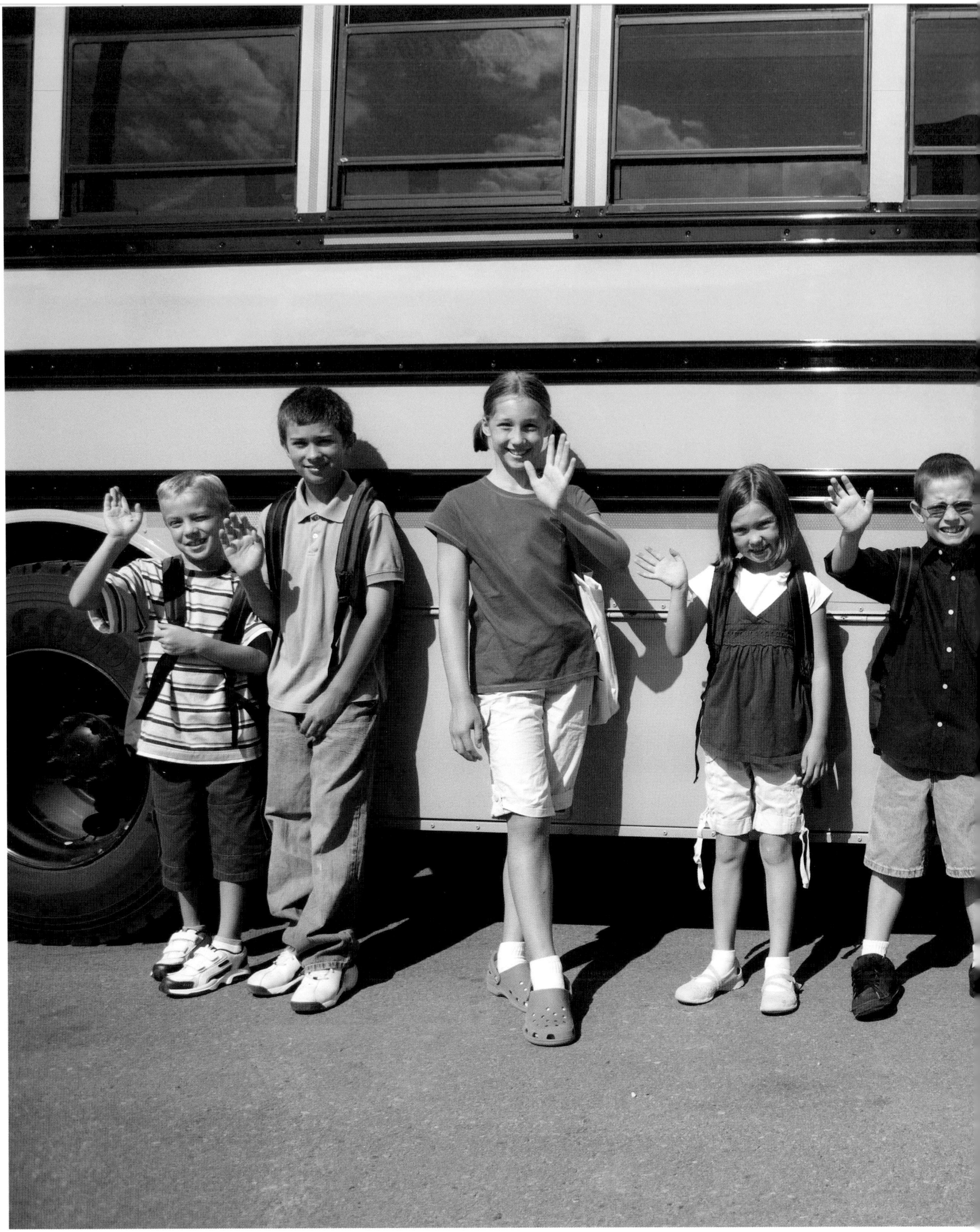

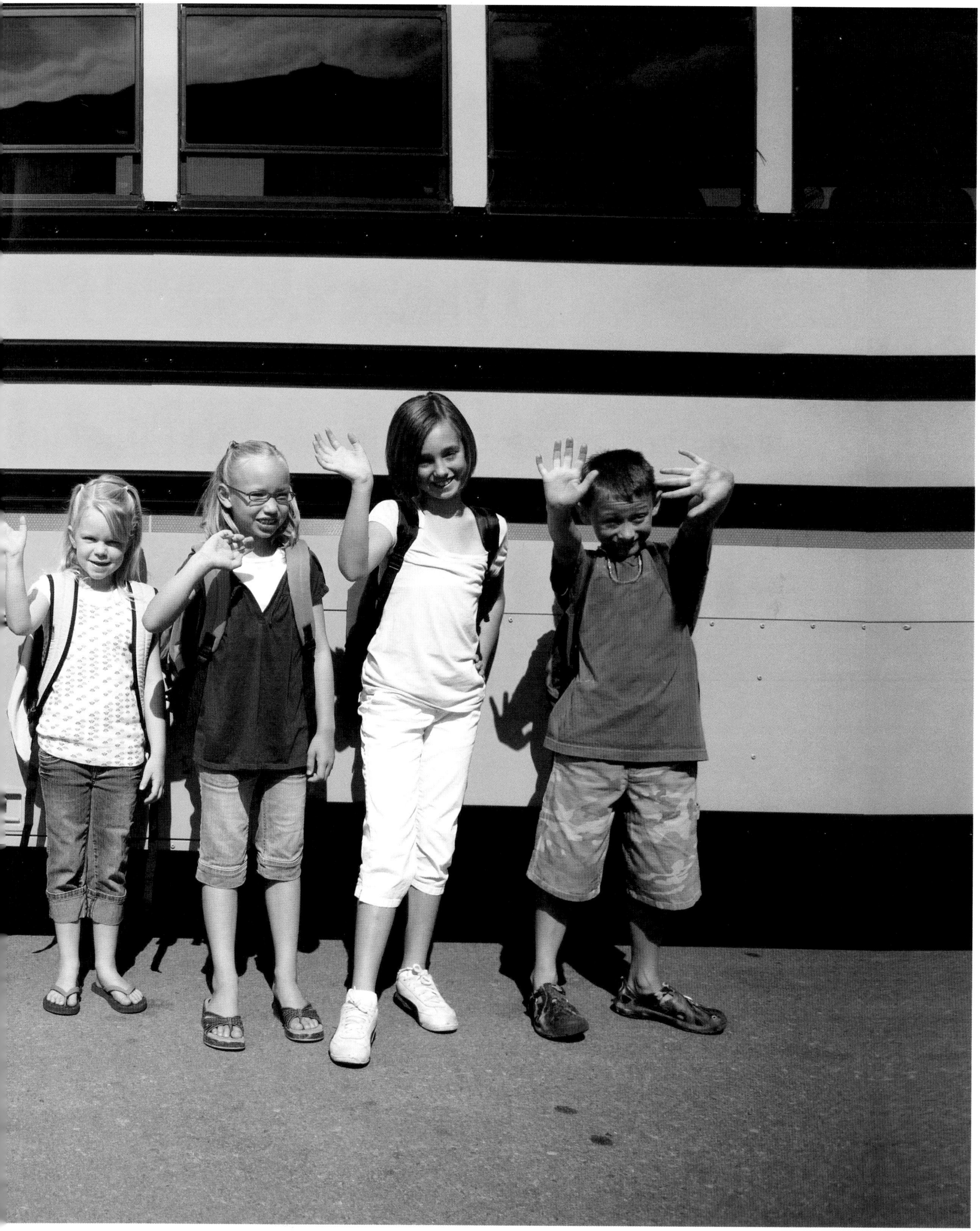

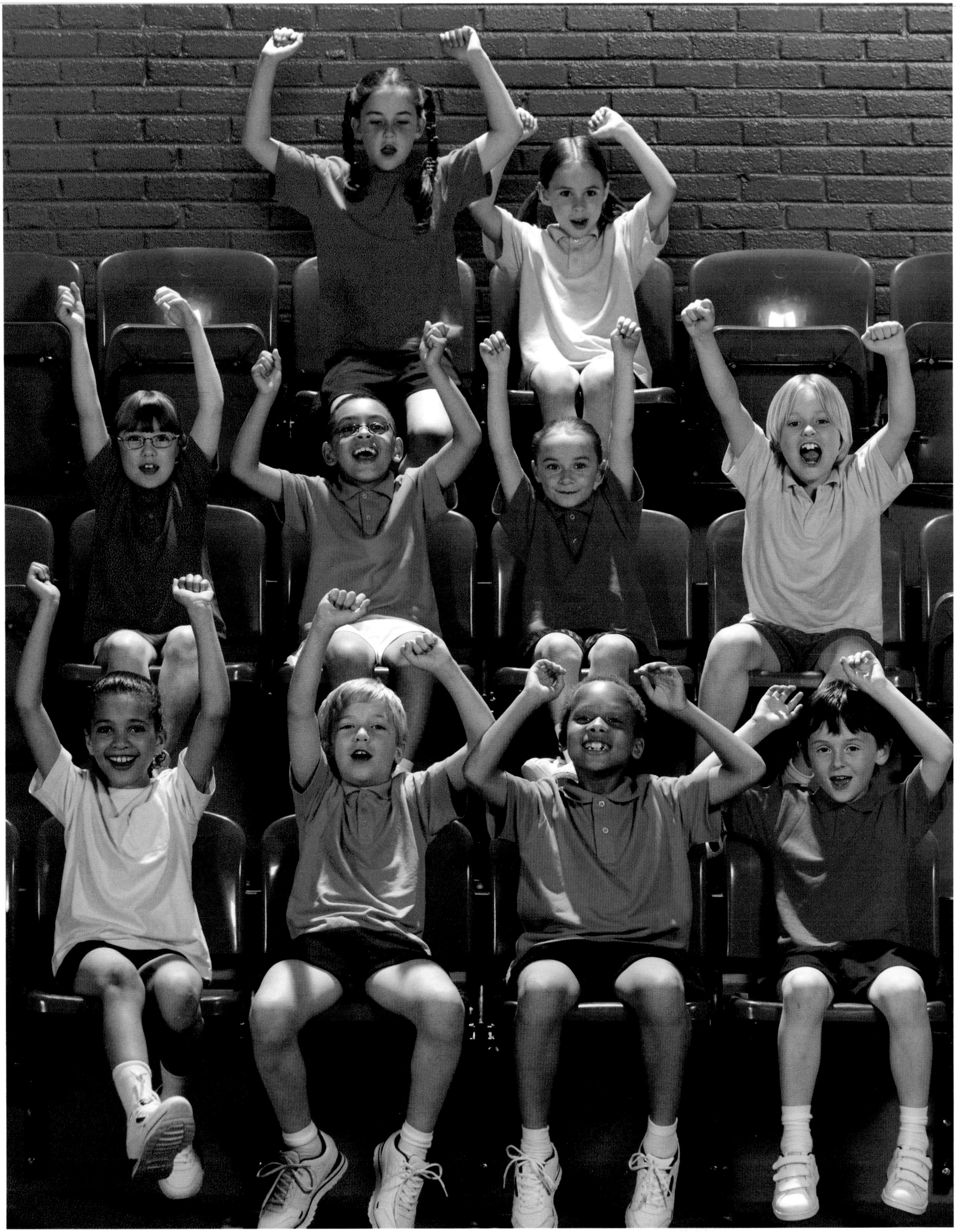